미래의 과학자와 발명가 여러분께 - 크리스티안 도리언
사랑하는 어머니, B께 - 고시아 헤르바

크리스티안 도리언 글
캐나다 출신의 작가이자 교육 전문가로, 자연을 주제로 한 어린이책을 여럿 썼습니다. 세계자연기금을 비롯한 환경 단체에서 30년 넘게 일했으며, 이 책 《덕분에 발명!》으로 영국 BBC 방송국에서 주는 블루피터상을 수상했습니다.

고시아 헤르바 그림
폴란드 출신의 일러스트레이터이자 미술사학자입니다. 12년 넘게 어린이책, 그래픽 소설, 잡지, 광고에 그림 그리는 일을 해 왔습니다. 《덕분에 발명!》으로 영국 BBC 방송국에서 주는 블루피터상을 수상했습니다.

박규리 옮김
영국 케임브리지대학교 산업지속가능성 센터에서 연구하고, 고려대 겸임 교수로 학생들을 가르치는 지속 가능 디자인 박사입니다. 기후 변화와 쓰레기 문제 연구를 위해 세계를 누빕니다. 《런던 스트리트 북》과 《아무튼, 딱따구리》를 쓰고, 《비거닝》을 함께 썼으며, 《지구에서 가장 큰 발자국》과 《동물들의 놀라운 집 짓기》를 우리말로 옮겼습니다.

김산하 감수
야생 영장류를 연구하는 학자로, 생명다양성재단에서 사무국장을 맡아 일하고 있습니다. 《비숲》, 《김산하의 야생학교》, 《살아있다는 건》 들을 쓰고, 《동물에게 권리가 있는 이유》, 《비거닝》 들을 함께 썼으며, 《나나가 집으로 돌아온 날》, 《활생》 들을 우리말로 옮겼습니다.

지식곰곰 11

덕분에 발명! 인간의 발명에 영감을 준 동물 이야기

초판 1쇄 발행 2022년 11월 9일 | 초판 4쇄 발행 2025년 2월 20일 | ISBN 979-11-5836-381-9, 978-89-93242-95-9(세트)
펴낸이 임선희 | 펴낸곳 ㈜책읽는곰 | 출판등록 제2017-000301호 | 주소 서울시 마포구 성지길 48 | 전화 02-332-2672~3
팩스 02-338-2672 | 홈페이지 www.bearbooks.co.kr | 전자우편 bear@bearbooks.co.kr | SNS Instagram@bearbooks_publishers
편집 우지영, 우진영, 이다정, 최아라, 박혜진, 김다예, 윤주영, 도아라, 홍은채 | 디자인 김은지, 윤금비
마케팅 정승호, 배현석, 김선아, 이서윤, 백경희 | 경영관리 고성림, 이민종 | 저작권 민유리
함께하는 곳 이피에스, 두성피앤엘, 월드페이퍼, 원방드라이보드, 해인문화사, 으뜸래핑, 문화유통북스

Invented by Animals © 2021 Quarto Publishing plc
Text © 2021 Christiane Dorion
Illustrations © Gosia Herba
First Published in 2021 by Wide Eyed Editions, an imprint of The Quarto Group.
All rights reserved.
Korean translation rights © 2022 Bear Books Inc.
Korean translation rights are arranged with The Quarto Group through LENA Agency, Seoul

이 책의 한국어판 저작권은 레나 에이전시를 통한 저작권자와의 독점계약으로 책읽는곰이 소유합니다.
신저작권법에 의하여 한국 내에서 보호를 받는 저작물이므로 무단 전재 및 복제를 금합니다.

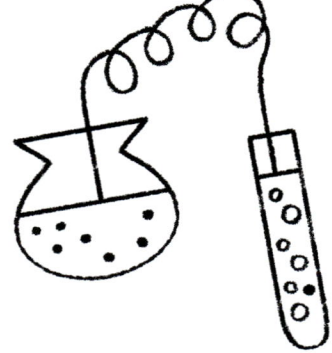

KC마크는 이 제품이 공통안전기준에 적합하였음을 의미합니다.
제조국 : 대한민국 | 사용 연령 : 3세 이상
책 모서리에 부딪히거나 종이에 베이지 않도록 주의해 주세요.

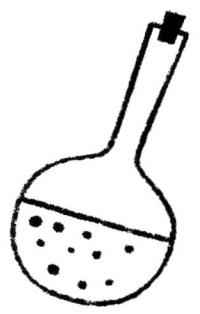
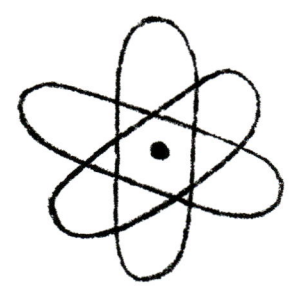

인간의 발명에 영감을 준 동물 이야기

덕분에 발명!

크리스티안 도리언 글·고시아 헤르바 그림

박규리 옮김·김산하 감수

차례

8-9	서문
10-11	흉내문어 변장의 고수
12-13	모르포나비 빛의 마법으로 빚어낸 색
14-15	상어 날렵한 수영 선수
16-17	건축의 고수들
18-19	독수리 망원 렌즈가 달린 눈
20-21	도마뱀붙이 어디든 착 달라붙는 발가락
22-23	해마 끝내주는 꼬리
24-25	쌍살벌 종이 만들기 전문가
26-27	청개구리 놀라운 접착력
28-29	집게벌레 마법처럼 접히는 날개
30-31	대왕오징어 스스로 회복하는 이빨
32-33	거미 그물 디자이너
34-35	비행의 기술
36-37	사막거저리 안개잡이
38-39	혹등고래 울퉁불퉁 지느러미
40-41	황제펭귄 방수 외투
42-43	북극곰 햇살을 품은 털외투
44-45	물총새 깔끔한 입수

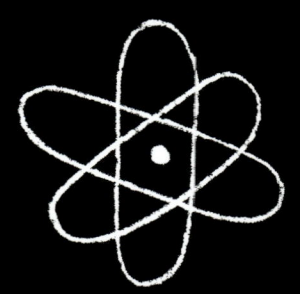

46-47	잠자리 관제 비행
48-49	딱따구리 최고의 드럼 연주자
50-51	뱀 슬라이딩 챔피언
52-53	해파리 힘들이지 않고 헤엄치기
54-55	메뚜기 충돌 방지
56-57	로봇 세상
58-59	배좀벌레조개 굴 파기
60-61	돌고래 비밀 대화
62-63	박쥐 음파 탐지
64-65	재활용의 천재들
66-67	호저 뾰족한 가시
68-69	민달팽이 끈적한 점액
70-71	모기 피 뽑는 바늘
72-73	개와 우엉 씨앗 찰싹 달라붙기
74-75	동물 혁신 연구소
76-77	찾아보기

독자 여러분께

세상에서 가장 빠른 기차가 물총새 덕분에 더 조용하고 빨라졌다는 사실, 알고 있나요?
무더운 여름에도 시원한 집을 짓는 데 흰개미가 도움이 되었다는 사실은요?
투명 망토의 비밀은 문어에게 있을지도 몰라요.

이 책에서는 여러분에게 멋진 동물 발명가들을 소개하려고 해요.
이 동물들 덕분에 인간들은 까다로운 문제를 해결하고, 엄청난 발명도 할 수 있었지요.

우리 동물들은 자연과 조화를 이루며 사는 데는 아주 전문가예요. 인간에게 알려 줄 게
한두 가지가 아니지요. 우리는 영리하게 구조물을 세우고, 신기한 물질을 만들고,
공중이나 물속, 그리고 땅 위에서 매끄럽게 움직여요. 우리는 무엇이든 쓰고 또 쓰면서
절대 허투루 낭비하지 않아요. 수백만 년 동안 지구에서 살아남아 번성해 왔기에
무엇이 좋은 방법인지 잘 알고 있지요. 인간들이 종종 우리에게 도움을 청하는 것도 당연해요.

우리가 오랜 세월에 걸쳐 만들어 낸 디자인과 구조물,
초능력에서 영감을 얻은 발명품들을 찾아보세요.
힘들이지 않고 축축한 사물의 표면에 달라붙는 것부터
물구나무선 채 공기에서 물을 얻어 내는 것까지!

이제 박쥐와 쇠똥구리, 해파리,
그리고 다른 많은 동물들이 예사롭게 보이지 않을 거예요.

여러분의 친구 **개구리**

··· 흉내문어 ···
변장의 고수

나는 열대 바다에 살아요. 숨을 데라고는 없는 모래가 깔린 얕은 바다에서 대부분의 시간을 보내지요. 보다시피 나는 몸을 보호할 단단한 껍데기나 날카로운 가시가 없어요. 물속에서 먹이를 찾아 헤매는 내 모습은 상어나 꼬치고기 같은 포식자에게는 딱 맛 좋은 한 입 거리로 보일 거예요. 내 몸은 부드럽고 뼈도 없으니까요. 그렇다면 나는 어떻게 살아남을까요?

나는 변장의 고수예요! 포식자들이 무서워하는 색이나 주변 환경과 비슷한 색으로 피부색을 재빨리 바꿀 수 있답니다. 무서운 동물처럼 보이도록 여덟 개의 다리를 꿈틀거리거나 숨겨서 포식자들을 멀리 쫓아낼 수도 있어요. 마주하는 관객에 따라 내 변장도 바뀌지요.

나는 때때로 다리를 감추고 몸을 납작하게 만들어서 독이 있는 넙치 행세를 하며 바다 밑바닥을 떠다녀요. 심지어 다리를 사방으로 뻗어 쏠배감펭 가시처럼 보이게 하면서 앞으로 나아갈 수도 있어요. 다재다능한 배우가 따로 없죠! 자리돔은 내 천적이지만, 걔들은 바다뱀을 무서워해요. 그래서 자리돔이 보이면 몸을 모래 아래 숨기고, 얼룩무늬 팔 두 개만 내놓아 바다뱀인 척해요.

우리는 수백만 년에 걸쳐 위장술을 완벽에 가깝게 발전시켜 왔어요. 피부 전체를 뒤덮은 미세한 감각 세포가 주변 상황을 재빨리 조사해서 어떤 변장이 좋은지를 알려 줘요. 인간은 나를 본떠서 주변 환경에 맞게 바로바로 위장할 수 있는 소재를 만들려고 노력 중이에요. 그러다 보면 언젠가 투명 망토를 만들 날도 오겠죠!

... 모르포나비 ...
빛의 마법으로 빚어낸 색

나는 말 그대로 스포트라이트 아래서 빛나요! 반짝이기 위해 태어난 몸이죠. 빛이 내 몸을 비추면 별 볼 일 없는 존재에서 단번에 영롱한 푸른빛 요정으로 거듭나요. 하지만 그건 착시에 지나지 않아요. 사실 내 날개는 파란색이 아니거든요!

내 무대는 아마존 열대 우림이에요. 지구에서 가장 큰 나비 중 하나이고요. 반짝이는 날개는 칙칙한 정글에서 나를 돋보이게 하는 동시에 '감히 날 먹을 생각하지 마!'라는 경고를 날리죠. 내 날개가 특별한 것은 빛을 조작해서 매력적인 푸른빛을 만들어 내기 때문이에요.

자연에는 수다쟁이 앵무새의 선명한 노랑과 연두, 섬세한 꽃잎의 분홍과 보라까지 다양한 색이 가득해요. 우리가 보는 색은 대부분 '색소'라고 불리는 물질에서 비롯되지요. 그런데 내 영롱한 푸른빛 날개는 좀 달라요. 날개를 뒤덮은 미세한 비늘이 색을 만들어 내거든요. 내 비늘은 볼록한 층과 평평한 층으로 이루어져 있는데, 그중 볼록한 층은 푸른빛만 반사하고 평평한 층은 나머지 색을 모두 흡수해요. 그래서 내 날개가 영롱한 푸른빛으로 보이는 거예요. 빛을 영리하게 활용한 기술이지요.

빛을 활용하는 내 기술을 쓴다면 환경에 해로운
화학 약품 없이도 옷감에 색을 입힐 수 있어요.
이 빛나는 기술은 위조지폐를 방지하는 데에도 쓰이고,
빛 아래 있는 무엇이든 멋진 색을 새롭게
입혀 줄 수도 있어요.

프리즘

빛은 물결처럼 움직여요. 연못에 이는 잔물결처럼요.
다만 빛의 물결은 아주아주 작아서 눈으로는 볼 수
없어요. 백색광은 하얗게 보이지만 사실 다양한
색이 합쳐 있어요. 프리즘에 빛을 비추어 보면 굴절이
되면서 무지개처럼 뚜렷하게 색이 나뉘지요.
내 날개는 그중 파란색만을 반사하는 거예요.

... 상어 ...
날렵한 수영 선수

나는 뛰어난 사냥 솜씨로 유명해요. 몸은 근육질에 이빨은 날카롭고 무척 빠르기까지 하거든요. 내 조상들은 4억 5천만 년 전에 바다를 누볐으니 공룡보다도 오래된 셈이에요. 이 바닥에서 긴 세월 동안 수영깨나 하면서 온몸이 엄청난 속도로 헤엄치는 데 완전히 적응한 거예요. 물속에서 속도를 내고 싶은 인간들이 나를 찾는 것도 당연하죠.

비밀을 알려 줄까요? 바로 내 피부에 답이 있어요! 내 피부는 비단처럼 부드러워 보이지만 실은 사포처럼 거칠답니다. '방패 비늘'이라고 하는 아주 작고 단단한 비늘이 온몸을 뒤덮고 있거든요. 오리발처럼 생긴 방패 비늘의 홈을 따라 물이 흘러가면서 저항이 줄어들어 빨리 헤엄칠 수 있는 거예요. 표면이 거칠어서 따개비나 해조류 같은 녀석들도 달라붙을 수 없어요. 걔들이 무임승차하면 느려지거든요.

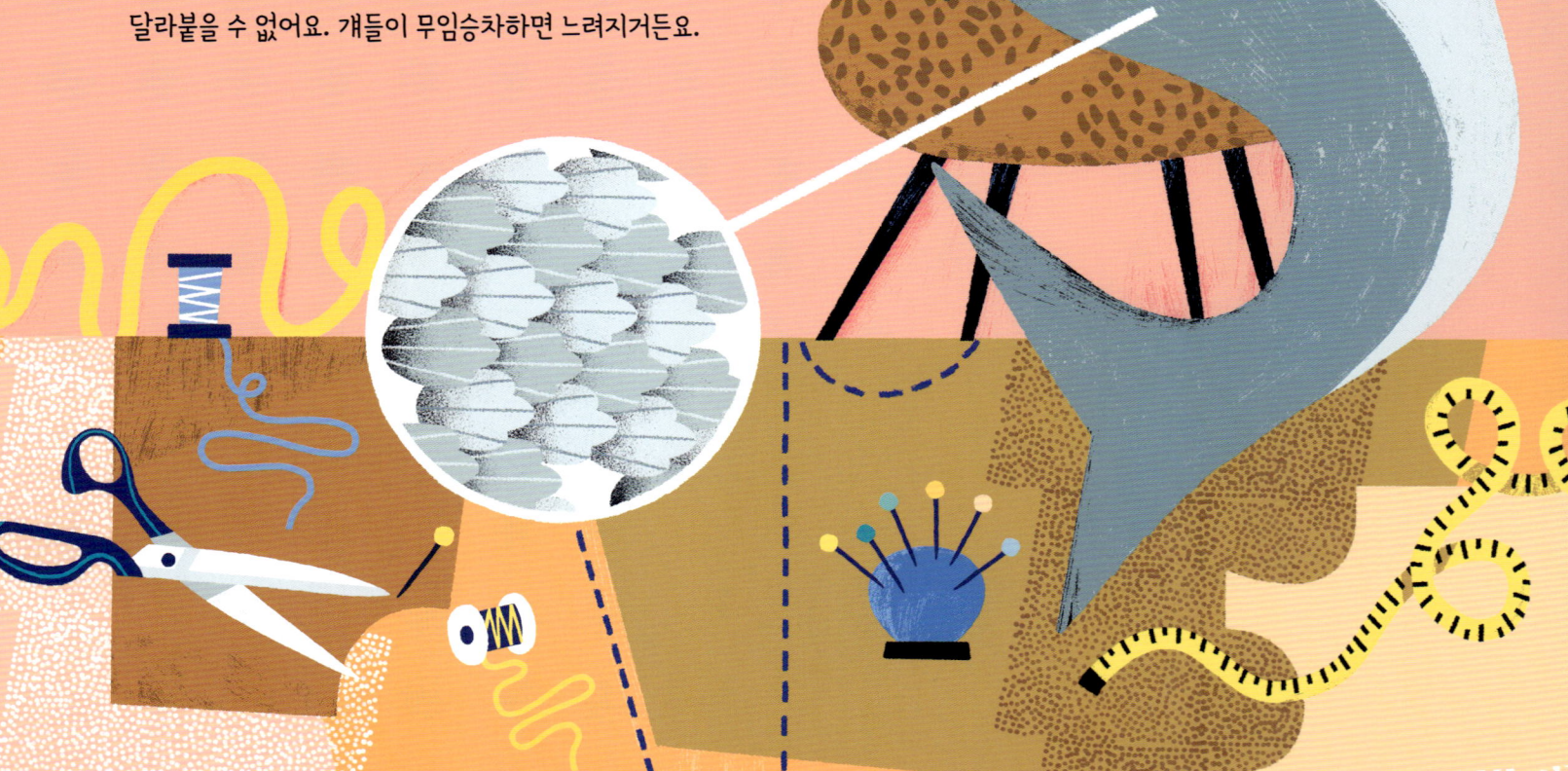

내 특별한 피부는 이미 여러 기발한 발명품에 영감을 주었어요. 내 피부를 본떠서 만든 최첨단 수영복은 2000년 시드니 올림픽에서 그야말로 엄청난 파란을 일으켰죠. 그런데 아차, 이 수영복을 입은 선수들이 세계 신기록을 죄다 깨 버리는 바람에 지금은 국제 대회에서 이 수영복을 입는 게 금지되었어요.

선박과 잠수함 표면에 따개비가 붙는 걸 방지하는 특별한 코팅도 내 피부의 거친 표면에서 영감을 받았죠. 바다와 바닷속 생물에게 해로운 독성 페인트를 안 써도 된다는 뜻이에요.

내 지느러미로 콕콕 짚어 주고 싶은 프로젝트가 무척 많아요. '샤크스킨'이라는 이름의 특수한 직물이 있는가 하면 비행기, 드론, 풍력 발전기 같은 기계의 효율성을 높이고 에너지도 아끼는 데 내 피부가 영감을 주고 있어요. 이른바 '샤크스킨 기술'을 잘 활용하면 붐비는 병원이나 버스, 기차 표면에 세균이 번식하는 것도 막을 수 있을 거예요.

샤크스킨 기술이 곳곳에 퍼지면 나에 대한 나쁜 평판도 사그라들겠죠?

15

건축의 고수들

우리는 동물 세계에서 알아주는 최고의 집 짓기 고수들이에요. 어떤 기발한 재료와 모양으로 탄성을 자아내는 구조물들을 짓는지 한번 살펴보세요. 모두 주위에서 구한 재료로 쓰레기 하나 없이 만들었답니다.

비버

홍수에도 안전한 집

내 이빨은 최고의 장비예요. 나는 이빨로 나무를 쓰러뜨려서 강과 개울에 걸쳐 두고, 나뭇가지와 진흙, 풀을 이용해 댐을 만들죠. 댐이 있으면 강물이 천천히 흘러서 웅덩이가 생겨나거든요. 여기에 가족과 함께 살 안전하고 보송보송한 보금자리를 만들죠.

기후 변화로 기상 이변이 더 잦아질 텐데, 우리가 홍수를 방지하는 모습을 참고하면 도움이 될 거예요.

흰개미
한여름에도 시원한 집

우리 흰개미들은 몸집은 작아도 집은 정말 크게 짓는답니다. 이 어마어마한 탑은 오직 우리의 침과 똥, 그리고 흙으로 만들어졌어요. 우리가 사는 열대 초원, 사바나가 아주 무더운 탓에 전기 없이도 쓸 수 있는 우리만의 냉방 시설을 생각해 내야 했지요. 터널과 굴뚝, 환풍구를 통해 뜨겁고 텁텁한 공기는 위쪽으로 빠져나가고, 시원하고 깨끗한 공기는 아래로 내려오는 원리예요.

우리 집을 보고 영감을 받아 이제 인간들도 저절로 시원해지는 집을 설계한다죠. 우리만 따라 하면 전기를 잡아먹는 에어컨이랑 이별할 수 있을 거예요.

중앙 굴뚝
지상 출입구
곰팡이 정원
여왕개미 방
애벌레 방

여왕벌
디자인이 빼어난 집

나는 호사스러운 삶을 누리는 여왕벌이에요. 아이들을 기르고, 꽃가루와 꿀을 저장할 벌집 궁전은 일벌들이 짓지요.

우리 궁전이 훌륭한 이유는 정육각형에 숨어 있어요. 왜 동그라미도, 네모도, 세모도 아닌 육각형일까요? 육각형은 밀랍이 덜 드는데도 견고하고 꿀을 더 많이 저장할 수 있는 데다가 우리 몸을 쏙 집어넣기에도 좋아요. 가볍고도 튼튼한 벌집 구조는 골판지 상자부터 신발창, 자동차 바퀴, 다리, 심지어 비행기에까지 두루 쓰인답니다.

... 독수리 ...
망원 렌즈가 달린 눈

나는 지구에서 가장 크고 강한 맹금류 가운데 하나랍니다. 전속력으로 비행하면서 날카로운 발톱으로 미끄러운 물고기를 낚는가 하면, 땅에서 토끼를 낚아채기도 하죠. 구부러진 부리로는 먹이를 찢고요. 그렇지만 뭐니 뭐니 해도 내 최고의 자랑거리는 바로 눈이에요. 내가 세상을 보는 방식 덕분에 멋진 사진이 생겨나고 있어요. 비법이 뭐냐고요?

독특한 눈 구조 덕분에 나는 마치 망원경으로 보는 것처럼 사물을 자유자재로 확대해 볼 수가 있어요. 덕분에 하늘 높이 날면서도 호수의 잔물결이나 땅 위의 작은 움직임까지 잡아낼 수 있죠. 먹이를 찾아낸 뒤에는 시선을 고정한 채로 시속 160킬로미터 속도로 급강하한답니다.

독수리 눈

사람 눈

만약 인간이 나 같은 시력을 지녔다면 10층짜리 건물 꼭대기에서도 땅바닥을 기어가는 개미를 볼 수 있을 거예요. 내 눈은 인간보다 예리할 뿐 아니라 색을 구분하는 능력도 훨씬 뛰어나죠. 양쪽 눈이 멀찍이 떨어진 덕분에 시야가 넓어서 360도를 거의 한눈에 살필 수 있고요.

펜 끝에 올려 둘 수 있을 정도로 작은 초소형 카메라에도 내 눈 기술이 활용되었어요. 이 작고 강력한 렌즈는 인간의 몸속을 들여다볼 수 있는 초소형 로봇 카메라를 비롯해 나처럼 아주 세밀한 것도 확대해서 볼 수 있는 미세한 기계를 만드는 데도 쓰인다지요.

도마뱀붙이
어디든 착 달라붙는 발가락

나는 기후가 따뜻한 곳에 살아요. 그리고 인간의 집 근처를 알짱대는 걸 좋아해요. 바퀴벌레, 메뚜기, 모기 같은 불청객을 잡아먹으니 인간도 나를 별로 꺼려 하지 않아요. 타고난 체조 선수라서 벽과 천장을 기어 다니면서도 결코 떨어지는 법이 없지요. 심지어 발가락 하나만으로 유리에 매달릴 수도 있다니까요! 근데 그거 아세요? 내 발바닥은 하나도 안 끈적끈적하다는 거!

내 통통한 발가락은 수천 가닥의 털로 뒤덮여 있는데, 털끝 하나하나가 수백 갈래로 미세하게 쪼개져 있어요. 이 '섬모'는 인간의 머리카락보다 500배나 가늘어요. 발바닥에 있는 이 수많은 섬모가 물체와 닿는 표면적을 넓혀서 자유롭게 매달릴 수가 있는 거랍니다. 게다가 원하는 대로 발을 붙였다 뗐다 할 수 있어요. 떨어지고 싶으면 그냥 발을 들어 올려서 발가락을 떼어 내기만 하면 되거든요. 대단하죠?

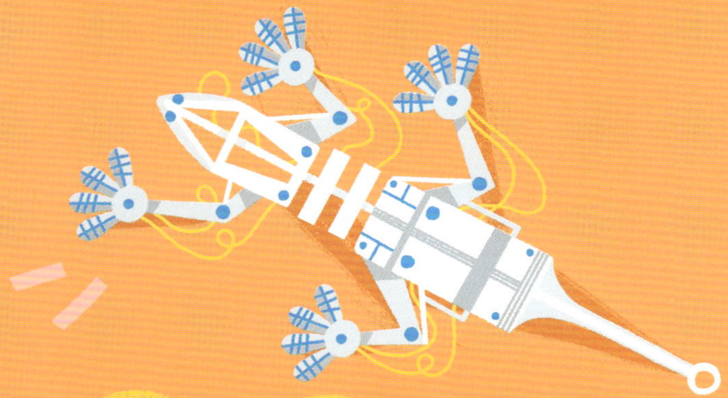

천장에 매달려 벽을 타는 건 내 화려한 기술 중 일부일 뿐이에요. 눈꺼풀이 없어 눈알을 혀로 핥아서 깨끗하게 닦는가 하면, 위기의 순간에는 꼬리를 떼어 내고 달아나기도 하죠. 걱정은 말아요, 꼬리는 새로 자라거든요!

인간에게도 어디든 달라붙는 내 발바닥의 비밀을 공유해 주었어요. 인간들은 내 섬모를 본떠서 접착력이 아주 강하면서도 붙였다 뗐다 할 수 있는 테이프를 만들었어요. 뜨거운 열이나 자연에 해로운 물질을 쓰지 않고도 모든 걸 다 붙인다고 생각해 보세요. 언젠가는 인간도 도마뱀 신발을 신고 고층 건물 벽을 타고 오를지도 몰라요.

··· 해마 ···
끝내주는 꼬리

그렇게 보이지는 않겠지만, 나도 물고기예요. 지느러미도 있고, 부레도 있고, 아가미로 숨을 쉬지요. 나는 몸집이 아주 작은 데다가 바다에서 가장 느리게 헤엄치는 편이에요. 이런 내가 과연 인간의 발명에 도움이 될지 고개를 갸웃거리고 있나요? 글쎄요, 작은 고추가 매운 법! 알고 보면 나는 완벽한 형태를 갖춘 자연의 걸작품이랍니다. 내 멋진 꼬리에 대해 말해 줄게요.

내 꼬리는 돌처럼 단단하면서도 무척 섬세하고 유연해요. 풀이나 산호초에 몸을 단단히 매다는 닻의 역할도 하지요. 심지어 아주 거센 해류에도 끄떡없어요. 가끔 친구와 몸을 엮을 때도 꼬리를 쓰는데 그러면 몇 시간이고 같이 물속을 둥둥 떠다닐 수 있어요. 실용적인 데다가 낭만적이기까지 하죠.

인간들은 늘 나를 귀여워했는데 최근에는 내 꼬리의 독특한 기하학적 구조에도 호기심을 갖기 시작했어요. 도마뱀이나 원숭이 같은 동물의 꼬리는 대부분 원기둥 모양인 반면, 내 꼬리는 사각기둥 모양이거든요! 신기하게도 사각기둥 모양 꼬리가 구부리거나 뒤틀면서 물건을 잡기에 훨씬 유리해요.

여느 물고기와 달리 나는 비늘이 없어요. 대신 머리부터 꼬리까지 몸 전체가 뼈로 이루어진 네모난 판, 그러니까 '골판'으로 뒤덮인 게 마치 튼튼한 갑옷을 입은 것 같죠. 네모 골판들이 서로 살짝 겹쳐 있는 덕분에 꼬리를 뒤틀거나 구부리거나 심지어 구길 수도 있어요. 물론 원래 모양으로 빠르게 돌아간답니다.

내 꼬리 기술을 이용해서 인간 과학자들은 아주 가벼운 신체 보호 장비나 튼튼하면서도 유연한 로봇을 만드는 연구를 하고 있대요.
바닷속 말처럼 생긴 작고 희한한 물고기가 최첨단 기계를 만드는 데 힌트를 줄지 누가 알았겠어요!

23

... 쌍살벌 ...
종이 만들기 전문가

소풍날이면 윙윙 날아다니다가 달콤한 간식에 달려들곤 하니 인간들이 나를 귀찮아할 법도 해요. 내 뾰족한 침이 위협적으로 보이겠지만, 방어할 때만 쏜다는 걸 알아주세요. 그런데 혹시 내가 제지, 그러니까 종이 만들기 전문가라는 것 알고 있나요?

우리 쌍살벌은 인간보다 훨씬 전에 종이를 발명했어요. 우리는 나무 조각을 오물오물 씹어서 걸쭉한 펄프를 만들고, 그걸로 보금자리를 짓죠. 이 펄프가 마르면 단단하고 방수까지 되는 아늑한 둥지가 돼요. 이 둥지 안에 여왕벌이 알을 낳지요. 종이로 만들었지만 무척 튼튼한 우리 집은 겨울을 나면서 자연스럽게 분해돼요. 그러면 봄에 다시 새집을 짓죠.

인간은 원시 시대부터 식물이나 낡은 천 따위로 종이를 만들어 왔어요. 기원전 105년 즈음에는 중국 황실에서 일하던 채륜이라는 사람이 우리 집을 참고해서 나무껍질로 종이를 만들 생각을 했어요. 그로부터 천 년이 훌쩍 지난 뒤에야 나무로 펄프를 만드는 커다란 기계가 발명되었죠.

채륜

종이의 예술
종이접기

드디어 인간이 이 귀한 종이를 재활용하는 법을 알게 되어 다행이에요. 재활용은 우리 쌍살벌은 물론이고, 동물이라면 수백만 년 동안 해 오던 일이지만요!

··· 청개구리 ···
놀라운 접착력

나는 강가나 개울, 연못처럼 축축한 곳 근처에 있는 나무 위에서 살아요. 나를 노리는 동물이 많아서 나무를 기어오르거나, 잎사귀 사이를 폴짝폴짝 뛰어다닐 때 미끄러지지 않는 게 무척 중요하지요. 내가 비 오는 날에도 결코 미끄러지지 않는 비결은 무엇일까요?

그건 다 내 발바닥 표면에 있는 독특한 무늬 덕분이에요.
현미경으로 내 발바닥을 들여다보면 아주 작은 육각형 모양의
홈이 촘촘하게 파여 있는 걸 볼 수 있을 거예요.
내 발이 물기 있는 표면에 닿으면, 이 홈에서 끈적한
점액이 나와 미끄러지지 않게 해 줘요. 발바닥에 이물질이
달라붙더라도, 내가 움직이는 동안 발끝으로 밀려나
언제나 깔끔하고 근사한 발을 유지할 수 있죠.

나만의 독특한 미끄럼 방지 무늬는
여러 가지 멋진 아이디어를 낳았어요.
빙판길을 달릴 때에도 잘 미끄러지지 않는
자동차 바퀴나 몇 번이나 떼었다 붙일 수 있는
끈끈이 테이프 같은 거요.

개구리 로봇

인간은 이 미끄럼 방지 기술을 활용해서 작은 의료용 로봇도 개발했어요!
미끌미끌한 인간의 몸속도 문제없이 누빈다고 하니
언젠가 어려운 수술에도 도움이 되겠지요.

27

··· 집게벌레 ···
마법처럼 접히는 날개

나는 세계 어디서나 볼 수 있는 평범한 곤충이에요. 눈에 띄는 걸 좋아하는 편은 아니죠. 나비처럼 밝은색도 아니고, 무당벌레처럼 반짝이는 물방울무늬도 없어요. 위협적인 집게발 때문에 실제보다 무시무시한 인상을 주기도 해요. 그런데 나에겐 한 가지… 커다란 비밀이 있어요.

바로, 큰 날개를 착착 접어서 몰래 숨겨 놓았다는 거예요. 이 날개는 펼치면 열 배나 커지는데, 특별히 힘을 주지 않고도 활짝 펼칠 수 있어요. 그러다가도 한 번 까딱하기만 하면 감쪽같이 접혀서 비좁은 틈으로 얼른 들어가지요. 어두컴컴한 보금자리로요. 나는 좀처럼 날지 않지만, 잽싸게 도망칠 때는 이 날개가 아주 유용해요.

인간들은 종이접기의 기본 원칙을 무시하는 내 날개에 관심이 많아요. 어떻게 그 커다란 날개를 좁은 공간 안에 접어 넣었다가 꺼내 펼치느냐는 것이지요. 연구자들은 내 날개를 참고하여 우주 탐사선과 탐사 로봇을 디자인하고 있어요. 인공위성의 전력을 책임지는 태양 돛도요. 로켓 안에 이 장치를 모두 욱여넣었다가 우주에서 펼치려면 우리 집게벌레의 접기 기술이 필요하다는 거죠!

내 날개의 비밀을 풀면 텐트나 포장재, 가전제품까지 작게 접어서 쓰는 모든 제품 디자인에 큰 도움이 될 거예요. 혹시 생각나는 물건이 있나요?

다음에 야외 수업이라도 나가면, 말끔하게 접혀 있는 내 신비한 날개를 떠올려 보세요.

... 대왕오징어 ...
스스로 회복하는 이빨

워낙 깊고 어두운 바다에 혼자 있는 걸 좋아하다 보니 인간들은 나를 잘 알지 못해요. 내가 거대한 촉수로 배를 바다 깊이 끌고 들어가는 바다 괴물인 양 이야기해 왔죠. 그렇지만 나는 괴물이 아니에요. 인간에게 가르쳐 줄 게 얼마나 많다고요. 나는 엄청나게 큰 눈과, 먹이를 잡는 데 쓰는 기다란 두 촉수, 거대한 여덟 다리와 세 개의 심장이 있어요. 눈 깜빡할 사이에 몸 색깔을 바꾸는가 하면, 먹물 구름을 내뿜어 적을 혼란스럽게 만들기도 하죠.

그런데 이게 다가 아니에요! 내 다리와 촉수에는 빨판이 다닥다닥 붙어 있는데, 빨판 하나하나에 매서운 이빨이 달려 있어서 먹이를 단단히 붙잡아요. 내 이빨은 엄청 힘이 셀 뿐 아니라 저절로 낫기까지 해요. 치과에 갈 필요가 없죠!

⋯ 거미 ⋯
그물 디자이너

많은 인간들이 나를 무서워하는데, 도통 왜 그러는지 모르겠어요. 그저 털북숭이 다리 여덟 개에 구슬 같은 눈 네 쌍, 독니 두 개를 가진 동물에 지나지 않는데 말이에요. 나는 부끄러움이 많아서 곧잘 숨어 버려요. 여러분은 나보다 내가 만든 거미줄을 볼 확률이 높죠. 저도 그 편이 좋아요.

나는 교묘한 사냥 기술을 써요. 몸 안의 특별한 분비샘에서 강력하고 끈끈한 실을 내뿜어 커다란 거미줄을 만들어요. 여기에 날벌레가 걸려들면 다리에 난 털로 진동을 느끼고 바로 행동에 나서죠. 일단 독니로 먹이를 깨문 다음에 끈끈한 실로 꽁꽁 싸서 나중에 먹을 도시락으로 만들어요.

적외선 인간이 보는 범위 자외선

새가 보는 범위

하루는 인간이 뛰어난 전문가만 풀 수 있는 문제를 들고, 나를 찾아왔어요. 유리로 된 고층 빌딩에 하늘이 비쳐서 새들이 건물을 하늘로 착각하고 날아들었거든요. 하지만 내 거미줄은 투명한데도 새들이 달려들지 않아요. 새들이 피해 가도록 태양의 자외선을 반사하는 특수한 실을 섞어서 짜거든요. 인간의 눈에는 보이지 않지만, 새들에게는 보이죠. 인간들은 내 비법에 영감을 받아 새들에게만 보이는 투명한 격자무늬를 유리에 새겨 넣었어요. 새를 보호하는 안전유리를 발명한 거죠.

내가 짠 거미줄은 초능력에 가까운 힘을 지닌 것으로도 유명해요. 아주 잘 늘어나고 무척 가벼운데도 철사보다 강력하거든요. 만약에 인간이 거미줄 같은 실을 만들어 낸다면 그걸로 무엇을 할 수 있을지 상상해 보세요. 심지어 거미줄은 친환경적이기까지 하죠!

자, 이제 우리 거미들을 무서워할 필요가 없겠죠? 우리야말로 진정한 환경주의자라고요. 하물며 우리의 포식자인 새까지 구해 주니 말이에요.

비행의 기술

모든 비행기는 새를 닮았다는 거 혹시 눈치챘나요? 우연이 아니에요. 우리 새들이 비행을 발명한 거나 다름없거든요. 하늘을 날고 싶었던 인간은 우리를 따라 해 보려 했어요. 그렇지만 수 세기 동안 팔에 거대한 날개를 달고 휘젓거나 우스꽝스럽게 펄럭거리는 기계나 만드는 엉뚱한 짓만 해 댔어요. 그렇게 해서 될 리가 있겠어요? 사실 비행의 원리는 꽤나 단순해요. 유선형 몸과 날개 모양이 핵심이거든요. 이 사실을 깨달았을 때, 인간들은 비로소 새 모양을 본뜬 기계 장치를 만들었죠. 그게 바로 비행기예요.

활공

장거리 비행은 나 앨버트로스 전문이에요. 긴 여행에 체력을 아끼려고 활공을 하지요. 길고 좁다란 날개를 펼친 뒤 날갯짓을 하지 않고 위로 올라오는 따뜻한 공기의 흐름, 그러니까 '상승 기류'에 몸을 맡기는 거예요. 글라이더라는 항공기는 내 날개를 본떠서 만들었어요. 엔진의 힘 없이도 하늘을 날지요!

급상승

독수리처럼 솟구쳐 오르기, 그러니까 '급상승'은 내 독보적인 기술이에요. 내 구부러진 날개 끝을 따라 해서 저항을 줄인 비행기도 있어요. 위로, 더 위로 날아오를 때 아주 유용하죠.

양력

공기는 내 굴곡진 날개의 위쪽에서 아래쪽보다 더 빠르게 움직여요. 그래서 날개 위쪽의 기압이 더 약하고, 아래가 더 세요. 날개 아래에서 밀어 올려 주는 힘을 '양력'이라고 불러요. 비행기 날개도 같은 원리로 작동한답니다.

공기

공기

브이(V) 자 대형

유유상종이라는 말이 있죠. 우리 거위들은 브이(V) 자 형태로 무리 지어 날면서 힘을 아껴요. 맨 앞자리는 돌아가며 맡고요. 앞장선 새는 날개로 작은 소용돌이를 만들어서 뒤따르는 새들이 날기 쉽게 해 줘요. 전투기들도 우리가 쓰는 이 방법으로 연료를 아낀답니다.

아직도 인간들에게 알려 줄 비밀이 많아요. 더 멀리, 더 빨리 가면서도 연료를 적게 쓰는 비행기나 날것을 만들 수 있는 방법 말이에요. 그러면 지구도 더 깨끗하게 만들 수 있겠죠.

35

사막거저리
안개잡이

나는 고독한 꺽다리 딱정벌레예요. 지구에서 가장 건조한 곳 가운데 하나인 아프리카 나미브 사막에 살죠. 비가 거의 내리지 않는 이곳에서 살아남으려면 주어진 자원을 슬기롭게 활용해야 해요. 내 몸집은 고작 블루베리만 하지만, 물을 찾는 데에는 누구보다 뛰어나답니다. 인간들은 일광욕을 즐긴다죠? 나는 안개 목욕을 즐겨요!

이른 아침이면 바다 쪽에서 옅은 안개가 밀려와요. 그러면 모래 언덕 꼭대기로 기어올라 바람이 부는 쪽으로 물구나무를 서듯 엉덩이를 치켜들어요. 안개를 붙잡으려고요! 내 등에는 미세한 돌기가 촘촘히 나 있는데, 이 돌기에 작은 물방울이 맺혀서 모이면 도랑처럼 난 굴곡을 타고 물이 입으로 흘러 들어와요.

나미브 사막
안개 잡는 법

인간들은 내 안개잡이 기술과 등에 난 돌기에서 아이디어를 얻어 공기에서 물을 얻는 소재를 개발했어요. 그걸로 그물 같은 장치를 만들어 비가 오지 않는 지역에서도 안개에서 물을 얻죠. 전기는 전혀 쓰지 않고요!

아프리카

대서양

앙골라
나미비아
보츠와나
나미브 사막
남아프리카 공화국

언젠가 나처럼 공기에서 습기를 거두어서 저절로 채워지는 스마트 물병이 발명될지도 몰라요. 야외 활동을 하거나 캠핑을 갈 때 아주 유용하겠죠?

물구나무를 서서 공기 중의 물로 목을 축이는 건 사막에 사는 딱정벌레에게 썩 쓸모 있는 기술이에요! 게다가 세상을 바꿀 수도 있고요.

37

혹등고래
울퉁불퉁 지느러미

나는 버스만큼 크지만, 작고 날쌘 물고기만큼이나 우아하게 몸을 뒤집고 뱅그르르 돌 수 있어요. 수면 위로 높이 튀어 올라 멋진 묘기를 보여 주고 거센 물보라를 일으키며 잠수할 수도 있지요. 빙글빙글 원을 그리며 헤엄쳐 올라 크릴과 물고기 떼를 한데 몰아넣고는 꿀꺽 삼키기도 한답니다. 맛 좋은 기술이죠! 내 민첩한 행동의 비밀은 바로 울퉁불퉁한 지느러미에 있어요.

우리 고래들은 상당히 오랫동안 지구에 살면서 물속에서 효율적으로 생활하도록 진화했어요. 내 지느러미를 자세히 보면 앞쪽 끝에 우둘투둘한 돌기가 줄지어 난 게 보일 거예요. 이 돌기가 물이 흐르는 방향을 바꾸고 저항을 줄여서 내가 날렵하게 방향을 틀도록 도와준답니다.

···황제펭귄···
방수 외투

맞아요, 나는 날지도 못하고 우아하게 걷지도 못해요. 하지만 헤엄치기와 추위 견디기에는 꽤나 자신이 있어요. 가족들을 먹여 살리기 위해 오랫동안 추운 바다에 머무르려면 꼭 필요한 능력이죠.

몸이 덜덜 떨리는 날씨에 얼음물에 목욕을 한다고 생각해 보세요. 그게 바로 내 일상이에요! 나는 지구에서 가장 추운 곳, 남극에 사는 황제펭귄이에요. 블랙 앤드 화이트로 빼입은 내 정장 차림이 세련돼 보이겠지만, 멋진 겉모습이 다가 아니랍니다. 이 외투는 최고의 방수 외투거든요! 빙판 아래에서 헤엄칠 때도 깃털 덕분에 내 몸은 따뜻하고 보송보송해요.

이건 다 깃털 디자인이 빼어나기 때문이에요. 작고 기름진 깃털이 내 몸을 촘촘하게 뒤덮어서 물에 젖지 않게 해 주는 거죠. 게다가 켜켜이 겹쳐 있는 바깥쪽 방수 깃털층이 아래쪽의 부드럽고 푹신한 털을 보송보송하게 지켜 줘서 하나도 춥지 않아요. 내 방수 외투를 참고하면 춥고 축축한 환경에서도 몸을 따뜻하고 산뜻하게 해 주는 최상의 옷감을 만들 수 있을 거예요.

멋진 기술이 하나 더 있어요. 바로 바닷물 속에서 솟구쳐 올라와 얼음 위에 안전하게 착지하는 기술이에요. 깃털 사이에 갇혀 있던 작은 공기 방울들이 방출되면서 내 몸을 로켓처럼 쏘아 올려 주기 때문이지요. 인간도 나처럼 배 밑바닥을 따라 공기 방울을 내뿜는 기술을 쓴다면 물의 저항을 줄여서 연료를 아낄 수 있을 거예요. 나는 날지 못하는 새지만, 솟구쳐 오르기 부문에서는 세계 챔피언이거든요!

북극곰
햇살을 품은 털외투

내 푸근한 겉모습에 속지 말아요! 나는 매섭도록 춥고 척박한 북극에서도 살아남은 크고 힘센 곰이랍니다. 나는 얼음 위를 어슬렁대거나 통통한 바다표범이 숨을 쉬러 올라올 때까지 참을성 있게 얼음 구멍 곁을 지키며 시간을 보내요. 눈보라가 몰아치는 날씨도 나에게는 평범한 일상이죠.

지구 온난화를 시원하게 넘길 수는 없어!

곰

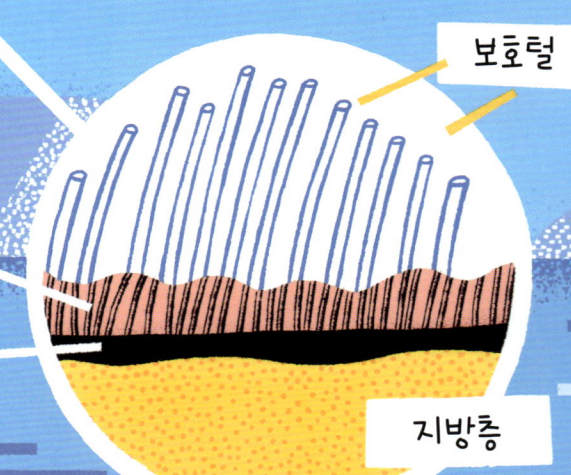
보호털
솜털
피부
지방층

내가 따뜻하고 아늑하게 지내는 건 특별한 털과 두툼한 지방층 덕분이에요. 내 털에는 보기보다 많은 비밀이 숨어 있답니다. 나를 하얀 곰으로 생각하겠지만 실은 그렇지 않아요! 내 몸 제일 바깥쪽에 난 긴 보호털은 사실 투명하고 속이 비어 있어요. 작고 가는 빨대처럼요. 이 털이 빛을 흩트려서 내가 하얗게 보이는 거예요. 보호털이 열을 붙잡아 두는 덕에 체온을 유지할 수 있죠. 게다가 푹신한 털 아래 피부는 사실 검은색이랍니다. 햇볕을 받으면 열을 흡수해서 몸을 따뜻하게 해 주죠.

내 최강 단열 기술은 인간들이 햇볕을 저장하고 흡수하는 소재를 개발하는 데 도움을 주고 있어요. 미래에는 북극곰표 태양열 발전 기술로 난방하는 집에 살거나 북극곰에게 영감을 받은 따뜻한 겨울옷을 입을 수 있을걸요!

인간의 활동 때문에 지구가 뜨거워지고 내가 기대어 살아가는 빙하도 녹아내리고 있어요. 태양 에너지를 활용하는 발명품은 북극곰의 터전이 사라지지 않도록 도와줄 거예요. 하지만 무엇보다도 중요한 것은 여러분 한 사람 한 사람의 작은 실천이랍니다.

물총새
깔끔한 입수

어느 날, 소음 문제로 인간이 나를 찾아왔어요. 새로 만든 초고속 열차가 말도 못하게 시끄러웠거든요. 기차가 초고속으로 터널을 빠져나올 때마다 "펑!" 하는 폭발음이 몇 킬로미터 떨어진 곳까지 들렸어요. 기차가 터널 속을 나아가면서 차곡차곡 쌓인 공기층이 밖으로 나올 때 굉음과 함께 터져 나온 것이지요. 기차에 탄 승객은 물론이고 기찻길 주변에 사는 주민들 모두 이 문제로 무척 괴로워했어요. 그렇지만 내 덕분에 초고속 열차가 살아남을 수 있었답니다.

해결책은 바로 내 독특한 부리 모양이었죠. 나는 물고기를 잡을 때 부리부터 물에 담그며 들어갔다가 재빨리 빠져나와요. 그러고는 물고기를 입에 문 채 유유히 나뭇가지 위에 내려앉지요. 길고 뾰족한 부리 모양 덕분에 물속에 뛰어들 때도 물 한 방울 튀기지 않아요. 물고기를 놀라게 하지도 않고요. 내 길고 뾰족한 부리 옆으로 물이 비껴 흐르기 때문이지요.

내 깔끔한 입수에서 아이디어를 얻어 초고속 열차의 머리 부분도 길고 뾰족한 모양으로 디자인이 바뀌었어요. 새로운 열차는 훨씬 더 조용하고, 더 빠른 데다가 연료도 더 적게 든답니다! 펑 하는 폭발음도 이제 안녕이죠!

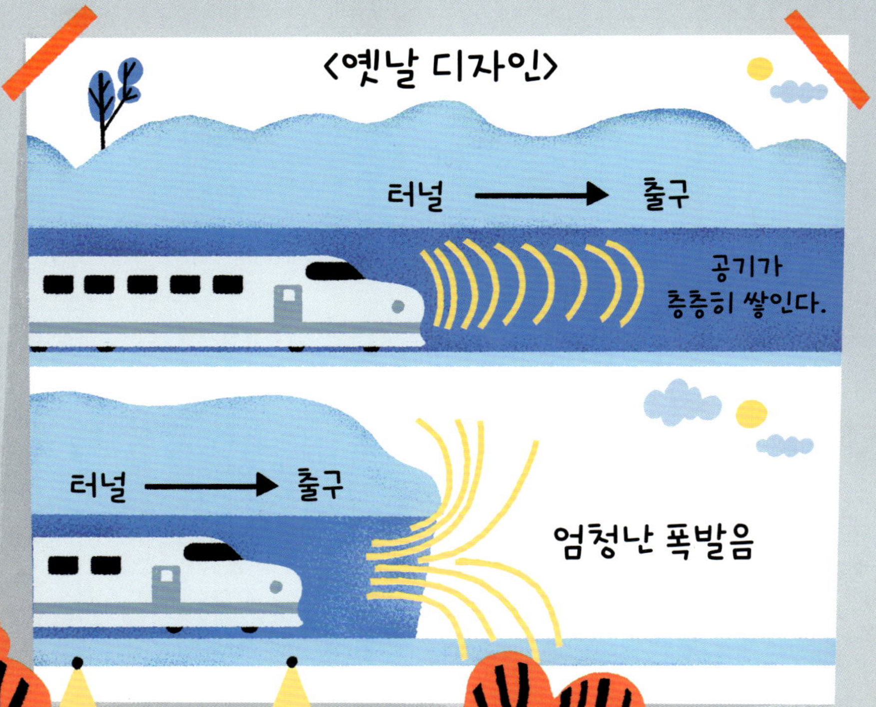

<옛날 디자인>

터널 → 출구
공기가 층층이 쌓인다.

터널 → 출구
엄청난 폭발음

열차가 달릴 때 열차 지붕과 전선이 연결된 부분에서 나는 요란한 휘파람 소리도 큰 골칫거리였어요. 이 문제는 지혜로운 부엉이에게 영감을 받아 해결할 수 있었죠. 부엉이가 공기를 가르며 사냥할 때 조용히 날 수 있는 건 들쭉날쭉한 톱니 모양의 깃털 덕분이거든요. 바로 이 깃털 모양을 본떠서 디자인을 수정했죠.

오늘날 최첨단 열차가 무사히 달리게 된 건 바로 지혜로운 두 조류, 나 물총새와 부엉이 덕분이랍니다.

... 잠자리 ...
관제 비행

길고 날씬한 몸매와 커다란 눈, 밝은 몸 색과 햇빛에 반짝이는 영롱한 날개 덕분에 나는 곤충 무리에서도 돋보이는 존재예요. 내 조상은 공룡이나 새가 나타나기도 전인 3억 년 전부터 하늘을 날아다녔어요. 비행 기술을 갈고닦을 시간이 아주 넉넉했던 셈이죠.

나는 외모만 근사한 게 아니라 세상에서 가장 빨리 나는 곤충 중 하나예요. 날개 네 개가 모두 따로 움직일 수 있어서 공중에서 가만히 맴돌 수도 있고, 위아래, 앞뒤로도 자유롭게 날 수 있어요. 심지어 거꾸로 뒤집힌 채로도 날 수 있죠. 매우 빠르게 가속할 수도 있고, 눈 깜짝할 사이에 방향을 바꿀 수도 있어요. 이 놀라운 속도와 제어력으로 하늘을 날면서도 모기를 낚아채는 완벽한 사냥꾼이 되었죠.

내 비행 기술에 영감을 받아서 같은 방식으로 비행하는 날개 네 개짜리 소형 드론이 발명되었어요. 빠르고 날쌘 데다 아주 세찬 바람에도 휩쓸리지 않고 제자리에 떠 있을 수 있어요. 소형 카메라를 장착해서 사람이 직접 가기 힘든 지역을 수색하는 작전에 쓸 수도 있죠.

잠자리

드론

어쩌면 내 왕방울 눈도 멋진 발명에 영감을 주지 않을까요? 수천 개의 작은 렌즈로 이루어진 덕분에 사방을 단번에 살필 수 있거든요. 그러니 나를 살금살금 덮치기는 결코 쉽지 않을 거예요.

아, 하나 더요. 혹시 내가 여러분 머리에 살포시 앉아도 너무 걱정 마세요. 내가 머리에 앉으면 행운이 찾아온다는 말이 있거든요!

연약해 보일지 모르지만, 이래 봬도 드러머가 되려고 태어난 몸이에요. 길고 뾰족한 부리의 바깥 부분은 유연하고, 안쪽은 단단하죠. 머리뼈도 단단한 데다가 충격을 흡수하는 특수한 뼈도 두 개나 갖고 있답니다. 하나는 쿠션처럼 말랑하고, 다른 하나는 안전띠처럼 뇌를 고정해 줘요. 그리고 내 목 근육은 웬만한 보디빌더 저리 가라 할 정도로 튼튼하답니다.

내 천재적인 머리뼈 디자인 덕에 미식축구, 자전거, 자동차 경주 선수들의 헬멧이 더 안전해졌어요.
앞으로 충격받을 일이 많은 자동차 범퍼나 비행기의 블랙박스, 우주선 같은 곳에도 우리 딱따구리의 디자인이 널리 쓰일 거예요.
세상에서 가장 훌륭한 드러머가 안전한 충격 흡수 방법을 알려 주는데, 맨땅에 헤딩할 필요가 있나요?

인간들은 최고의 뱀 로봇을 만들려고 우리 움직임을 유심히 연구하고 있어요. 우리 몸을 본뜬 다양한 부품으로 온갖 크기의 뱀 로봇을 만들어 왔죠. 길고 가느다란 로봇은 지진으로 무너진 건물의 잔해를 수색하거나 이집트의 고대 피라미드 안을 조사하는 데 도움이 될 거예요. 초소형 뱀 로봇이 인간 몸에 들어가 의사가 수술하는 데 도움을 줄 수도 있을 테고요.

언젠가는 뱀 로봇이 온갖 곳에 쓰일 거예요. 위험한 지역에서 길을 찾기도 하고, 장애물을 기어오르기도 하고, 조그만 구멍으로 비집고 들어가기도 하겠지요. 뒤집히거나 어디에 낄 염려가 없으니 어쩌면 로켓에 실려 화성을 탐험하러 갈지도 모르죠.

우리가 어둠 속에서 먹이를 찾아낼 때처럼 로봇에 소형 카메라나 열 감지기를 달면 더욱더 똑똑해지겠지요!

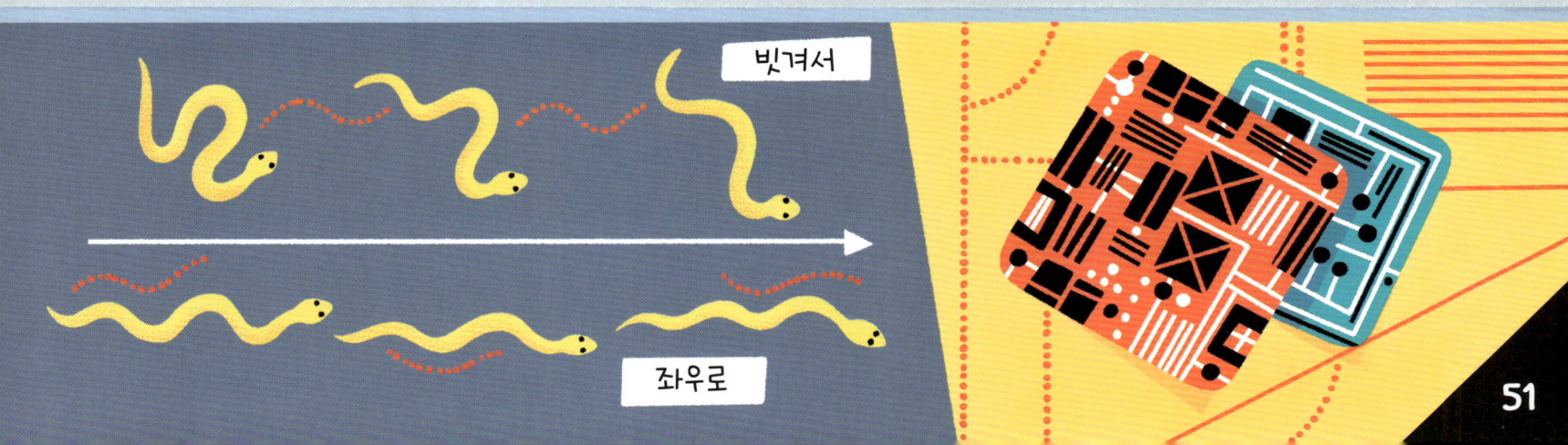

나는 물고기처럼 빠르게 헤엄치지는 않아요. 주로 조류와 해류를 따라 떠다니죠. 그렇지만 아주 적은 힘만 가지고도 앞으로 나아가는 나만의 요령이 있답니다. 바로 종처럼 생긴 몸통을 열어서 물을 빨아들였다가 내뿜으며 부드럽게 나아가는 거예요. 느리긴 하지만, 힘은 거의 안 들지요.

헤엄의 기술

미래에는 잠수함 대신 부드럽고 물렁거리는 로봇이 유유히 바다를 떠다닐지도 몰라요. 기후 변화와 기름 유출, 플라스틱 쓰레기로 우리의 집, 바다가 심각하게 위협받고 있거든요. 그래서 인간들은 우리 해파리를 본뜬 로봇을 만들어 산호초와 깊은 바다를 조용히 탐험하고, 바다 생물을 지키는 데 필요한 정보를 모으려 하고 있어요. 혹시 배고픈 바다거북이 진짜 해파리로 착각하고 꿀꺽 삼킬 수도 있으니 조심해요!

그러니 우리가 인간에게 인기가 없는 것도 당연해요. 하지만 인간들도 우리의 특기에는 혀를 내두른답니다. 엄청난 속도로 움직이면서도 결코 서로 부딪치는 일이 없거든요. 수백만 마리나 되는 메뚜기를 피해서 날아다니려면 정신이 쏙 빠질 만도 한데 말이에요! 그건 우리 몸에 어떤 물체가 빠르게 다가오면 알아채고 피하도록 하는 감지 시스템이 있기 때문이에요. 그 덕분에 서로 부딪치지 않고 날 수 있는 거죠.

우리가 엄청난 무리 속에서도 어떻게 저마다 갈 길을 요리조리 잘 찾아가는지 알아낸다면 안전한 자동차를 만드는 데 도움이 될 거예요. 주변 움직임을 바로 알아채는 센서를 개발하면 우리처럼 충돌을 피할 수도 있겠죠.

우리 메뚜기의 기술 덕분에 미래의 자율 주행 자동차는 혼잡한 출퇴근 시간에도 사고 없이 다닐 수 있을지 몰라요!

로봇 세상

세상의 멋진 로봇 중에는 동물에게 영감을 받은 것들이 많아요. 우리가 날고, 헤엄치고, 달리고, 기어오르고, 뛰고, 장애물을 피하는 방법을 흉내 내는 거죠. 어떤 로봇은 태풍이나 지진으로 무너진 잔해 속을 수색하는 중요하고도 위험한 작업을 맡기도 해요. 어떤 로봇은 인간이 들어갈 수 없는 좁은 공간에 비집고 들어가기도 하고요. 깊은 바닷속 해구, 심지어는 우주로 나가 다른 행성을 탐험하는 로봇도 있어요. 때로는 멋과 재미가 다인 로봇도 있죠! 만약 여러분만의 로봇을 설계한다면 어떤 동물을 모델로 삼아 볼래요?

에트루리아땃쥐
야간 길잡이 로봇

나는 세상에서 가장 작은 포유류지만, 아무것도 보이지 않는 캄캄한 밤에 사냥하는 솜씨만큼은 대단해요. 감각이 예민한 수염 덕분이지요. 이 귀여운 로봇은 나처럼 수염을 이리저리 움직이면서 어둠 속에서 사물을 감지하고, 길을 찾아요.

벌
소형 비행 로봇

나를 본떠 만든 세상에서 가장 작은 비행 로봇을 소개합니다! 언젠가 이 작은 로봇들이 꽃과 농작물의 꽃가루를 옮기는 우리 수고를 덜어 줄 거예요.

바퀴벌레
틈새 통과 로봇

탱크처럼 단단한 외골격, 눈 깜짝할 사이에 달아나는 재빠른 몸놀림, 거기에 몸을 납작하게 만들어 좁은 틈으로 비집고 들어가는 내 능력이 이 작은 로봇에 영감을 주었지요. 이 로봇은 짓눌려도 아랑곳하지 않고 몸을 납작하게 만들어서 가던 길을 마저 가요. 나처럼요!

높이 75mm

높이 35mm

쥐가오리
장수 로봇

깊은 바닷속에는 아직 밝혀지지 않은 비밀과 보물이 아주 많아요! 나를 닮은 이 로봇은 해양 생물을 위협하지 않으면서 인간이 바다를 탐험하고 보호하는 데 도움을 준답니다.

굴이나 파다니 하며 하품을 할 수도 있겠지만, 내 방식은 하나도 따분하지 않아요. 나는 말랑한 머리를 보호하는 조개껍데기로 나무에 구멍을 뚫어요. 이 조개껍데기에는 톱날처럼 뾰족한 돌기가 빽빽이 돋아나 있거든요. 게다가 야금야금 나무를 파먹어 들어가면서 내 뒤에 생긴 구멍에는 튼튼하게 만들어 주는 물질을 발라 두죠. 나를 안전하게 지키는 똑똑한 방법 아닌가요?

템스 터널

마크 브루넬

터널을 만드는 법

터널 공사의 모든 것

나무

배

마크 브루넬이라는 유명한 공학자는 19세기 초, 세계 최초로 물 아래에 터널을 뚫었어요. 영국 런던의 템스강 아래를 가로지르는 '템스 터널' 이었죠. 사실 브루넬은 내가 굴을 뚫는 모습에 홀딱 반했어요. 내가 구멍을 숭숭 뚫어 놓은 낡은 목재를 보고, 내 기술이 평범하지 않다는 걸 알아챘어요. 그리고 내 머리 껍데기에 영감을 받아서 터널을 팔 때 무너지는 흙에 인부들이 다치지 않도록 보호하는 장비를 발명했죠. 또 내가 터널에 무너지지 말라고 바르는 물질에서 아이디어를 얻어 터널 안쪽에 벽돌을 쌓아 올리는 방법을 생각해 냈어요.

브루넬 덕분에 나는 배를 가라앉히는 연체동물이 아니라, 훌륭한 터널 공학자로 기억될지도 몰라요.

돌고래
비밀 대화

바다에 사는 나는 파도타기와 공기 방울 만들기, 물보라를 일으키며 수면 위로 뛰어오르기를 좋아해요. 성격이 무척 사교적이라 친구들과 헤엄칠 때면 한참 수다를 떨고는 하지요. 우리는 같이 휘파람도 불고, 끽끽대기도 하면서 온갖 소리로 이야기를 나눠요. 머리를 흔들거나 위턱과 아래턱을 탁탁 부딪치거나 꼬리나 지느러미로 물을 때려 소리를 내기도 하죠. 휘파람 소리도 저마다 달라서 누가 소리를 내고 있는지 바로 알아챌 수도 있어요.

낮은 주파수
높은 주파수

음파 탐지

음파 보내기
반사된 음파 받기

우리는 "딸깍" 하는 소리를 내서 주변을 감지하고 먹이를 찾아요. 이렇게 하면 먼바다까지 닿는 음파가 만들어지거든요. 음파가 바위나 물고기 따위에 닿으면 마치 메아리처럼 되돌아와요. 아무리 어둡고 탁한 바다에서도 말이에요. 우리는 이런 방법으로 물체의 크기나 모양, 그 물체와의 거리를 가늠해요. 한마디로 말해 소리로 주위를 보는 거예요!

인간들도 물속에서 길을 찾거나 사물을 탐지하거나 소통할 때 음파를 써요. 예전에는 파도 소리나 다른 수중 소음이 음파 탐지나 통신을 방해하는 일이 많았대요. 그래서 우리가 나섰죠! 우리는 잡음을 뚫고 소통할 수 있도록 계속해서 소리의 높낮이를 바꾸거든요.

이제 인간도 우리의 비밀을 알아낸 덕에 전보다 훨씬 정확한 통신을 주고받고 있어요.

우리 같은 동물이 소리와 메아리로 주변을 감지하는 걸 보고, 인간들은 비행기나 배를 탐지하는 레이더를 발명했어요. 이제는 어둠 속에서도, 안개 속에서도, 궂은 날씨에도 카메라에 의지하지 않고 척척 돌아다니는 로봇을 만들려고 우리를 연구하고 있어요.

박쥐는 포유류 가운데 유일하게 날아다니는 동물인 데다가 비행 솜씨가 기가 막혀요. 쭉쭉 잘 늘어나는 내 날개를 깊이 연구하면 우리처럼 날쌔게 급강하하는 로봇도 만들 수 있을 거예요.

이런 걸 보면 최첨단 로봇도 옛 지혜를 배울 필요가 있다니까요!

재활용의 천재들

인간이 쓰레기도 보물이 될 수 있다는 사실을 알아채기 훨씬 전부터 우리 동물들은 재활용에 여념이 없었죠.
자연은 그 무엇도 낭비하지 않아요. 우리는 꼭 필요한 것만 취하고, 모든 것을 몇 번이고 재활용해요.
그중에서도 지구를 깨끗하게 지키는 데 힘쓰고 있는 재활용 천재들을 만나 보세요.

새
주변 재료로 집 꾸미기

우리는 발톱에 걸리는 것은 뭐든지 가져다가 아기 새를 위한 따뜻하고 안전하고 포근한 보금자리를 만드는 데 써요. 나뭇가지, 마른 잎사귀, 끈적한 거미줄, 털이나 깃털도 가져다 쓰죠. 때로는 끈 조각이나 종이, 비닐봉지 같은 인간들이 버리고 간 것까지요.

쇠똥구리
거대한 똥 덩어리

우리의 재활용은 차원이 다르죠. 똥은 우리 쇠똥구리의 전부예요! 우리는 먼저 똥을 적당한 곳으로 옮기기 쉽도록 공처럼 둥글려요. 그런 다음 땅에 묻어 놓고 한 입씩 먹거나, 그 안에 알을 낳죠. 구린내가 난다며 툴툴거리는 법이 없어요!

소라게
남이 살던 집

우리는 달팽이처럼 껍데기를 지고 다니지만, 껍데기를 직접 만들지는 않아요. 고둥 같은 생물이 쓰다 버린 걸 빌려다가 몸을 보호하지요. 그러다가 몸이 자라나 껍데기가 너무 작아지면 더 큰 껍데기를 구해서 이사를 가요. 거듭해서 다른 생물의 집을 재사용하는 셈이죠.

지렁이
전문 정원사

우리는 자연의 청소부예요! 죽은 동식물을 먹어 치우고는 그 배설물로 흙을 기름지게 만들어요. 게다가 땅속으로 파고들면서 흙을 갈아엎어 물과 공기가 땅속 깊이 들어가게 해 주지요. 그러면 새로운 식물이 자라는 데 큰 도움이 된답니다. 우리 없이는 쓰레기가 계속 쌓이기만 할 거예요.

인간도 우리를 본받으면 자연에서 정말 필요한 것만 취하고, 물건을 만들 때 쓴 재료를 영원히 다시 쓸 수 있을 거예요. 우리 모두 지구를 깨끗하게 지켜 가야 하니까요.

··· 호저 ···
뾰족한 가시

나는 낮에는 집에서 느긋하게 지내다가 날이 저물고 나면 밖으로 나가는 편이에요. 나무를 타지 않을 때는 느릿느릿 뒤뚱뒤뚱 다니면서 나무껍질과 잎사귀, 잔가지를 커다란 앞니로 우적우적 씹어 먹어요.

행동은 굼뜨지만 조심하세요! 제멋대로 난 내 털은 사실 수천 개의 길고 날카로운 가시거든요. 늑대나 곰 같은 포식자들을 겁줄 때 딱이죠. 위협을 받으면 가시를 세워서 몸집을 더 커 보이게 해요. 가시를 마구 흔들고, 그르렁대고, 발을 구르며 경고하죠. 그런데도 소용이 없으면 뒤로 돌아서서 상대에게 가시를 마구 쏜답니다.

자, 이런 내 가시를 보고 인간들이 뭘 만들었게요? 내 가시는 찌르기는 쉽지만, 빼내기는 어려워요. 가시 끄트머리에 작은 갈고리가 있어서 뽑으려고 하면 갈고리가 벌어지며 살에 박혀 버리거든요. 그래서 인간들은 수술하고 상처를 꿰매는 철심을 우리 가시처럼 만들어 보려고 연구 중이랍니다. 감염 위험이나 아무는 시간도 줄어드는 데다가 시간이 지나면 저절로 녹아서 다시 빼낼 필요도 없을 거래요.

나는 자연의 의사랍니다. 내 가시는 첨단 의료 기기의 발명에 영감을 줄 뿐 아니라, 특별한 물질로 뒤덮여 있어요. 바로 소독 효과가 있는 기름이지요. 아무래도 내가 좀 굼뜨다 보니 이따금 나무에서 떨어지면서 스스로 가시에 찔릴 때가 있어서 그런가 봐요.

모기
피 뽑는 바늘

우리 모기들의 악명이 높은 건 그리 놀랄 일도 아니죠. 평소에는 우리도 꽃의 꿀이나 식물의 수액을 빨아 먹고 살지만, 알을 낳는 시기만큼은 신선한 피를 필요로 한답니다. 우리는 대부분 무해하지만, 무더운 열대 지방에는 심각한 병을 옮기는 위험한 애들도 있어요.

주사 맞는 걸 좋아하는 사람은 없죠. 그렇지만 우리의 독특한 기술 덕분에 피부에 큰 자극을 주지 않고 상처를 꿰맬 수 있는 외과용 봉합 바늘과 큰 고통 없이 피를 뽑고 약을 넣는 주삿바늘을 발명했답니다. 우리 주둥이는 아주 효율적으로 디자인되어 있어요. 얼핏 보면 하나인 것 같지만, 사실은 여섯 개의 침이 하나의 관에 들어 있지요. 그중 피부를 찢고 들어갈 때 쓰는 한 쌍의 침은 가장자리가 톱날 모양으로 되어 있어서 피부와 접촉면이 적어요. 인간은 그 덕분에 우리가 주둥이로 찔러도 덜 아프다는 사실을 알아냈지요.

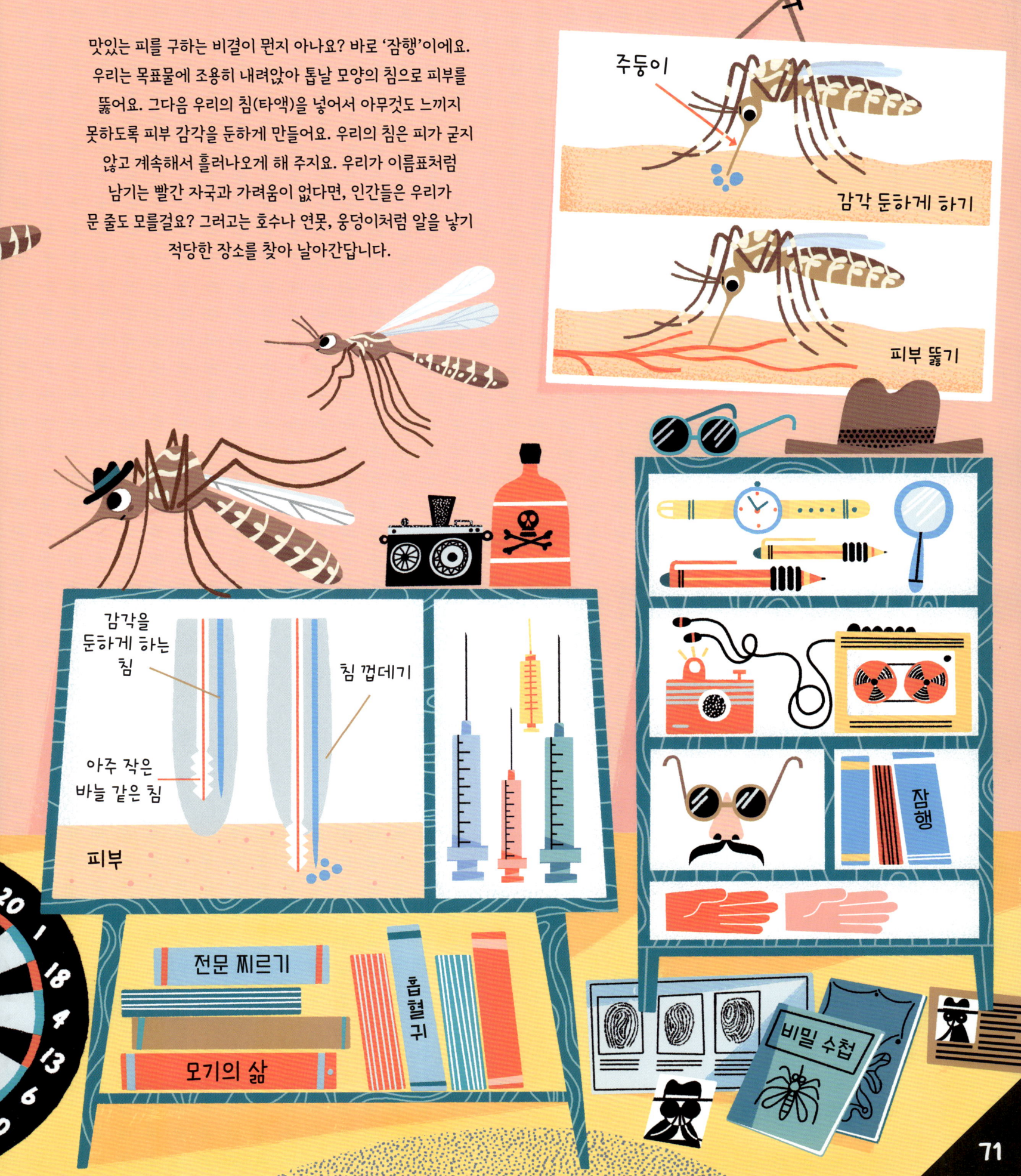

맛있는 피를 구하는 비결이 뭔지 아나요? 바로 '잠행'이에요. 우리는 목표물에 조용히 내려앉아 톱날 모양의 침으로 피부를 뚫어요. 그다음 우리의 침(타액)을 넣어서 아무것도 느끼지 못하도록 피부 감각을 둔하게 만들어요. 우리의 침은 피가 굳지 않고 계속해서 흘러나오게 해 주지요. 우리가 이름표처럼 남기는 빨간 자국과 가려움이 없다면, 인간들은 우리가 문 줄도 모를걸요? 그러고는 호수나 연못, 웅덩이처럼 알을 낳기 적당한 장소를 찾아 날아간답니다.

조지는 이 끈질기게 달라붙는 씨앗을 보고는 멋진 아이디어를 떠올렸어요. 얼마든지 떼었다 붙였다 할 수 있는 새로운 발명품을 고안해 낸 것이죠! 조지는 한쪽 옷감에는 우엉 씨앗처럼 작은 갈고리를 달고, 다른 옷감에는 갈고리를 걸 수 있는 고리를 달았어요. 두 옷감을 맞대면 이 갈고리와 고리가 서로 이어지고, 잡아떼면 떨어졌어요. 벨크로가 발명된 역사적 순간이었지요.

벨크로는 세상에 나오자마자 전 세계적으로 엄청난 인기를 끌었어요. 그리고 곧 단추와 똑딱단추, 끈과 지퍼의 자리를 대신했지요. 여러분이 가진 물건 중에서 벨크로가 달린 걸 한번 헤아려 보세요. 신발부터 옷, 운동용품, 가방, 지갑, 장난감에 시곗줄까지! 벨크로는 자동차나 비행기에도 쓰이고 심지어 우주인이 입는 우주복과 우주선에 싣는 온갖 물건에도 쓰인답니다. 무중력 상태인 우주선 안에서는 온갖 물건이 공중에 떠다니기 십상이거든요. 이게 다 조지와 내가 같이 숲으로 산책을 간 덕분이랍니다!

동물 혁신 연구소

혁신 연구소에 오신 여러분을 환영합니다! 우리는 지난 수백만 년 동안 자연 속에서 살아가는 데 도움이 되는 것들을 찾아서 꾸준히 실험하고 연구하고 있답니다. 우리의 영리한 디자인이 또 어떤 새로운 발명을 이끌어 낼까요?

나무늘보
매달리기

나는 나무에 거꾸로 매달린 채 평생을 보내요. 내 매달리기 기술이 혹시 줄에 매달아 두는 현수교 같은 건축물이나 물건을 만드는 데에 도움이 되진 않을까요?

하마
친환경 자외선 차단

나는 온종일 내리쬐는 햇빛 아래 있어도 피부가 타지 않아요. 자외선을 막아 주는 특별한 땀을 흘리거든요. 언젠가 내 땀을 본떠 방수도 되고 친환경적인 자외선 차단 로션을 발명할 수 있지 않을까요? 물론 냄새는 빼고요.

송장개구리
체내 부동액

나는 추운 겨울이면 온몸이 얼어붙은 채로 잠들었다가 날이 풀리면 멀쩡히 깨어나요. 체액이 잘 얼지 않기 때문이지요. 그 원리를 연구하면 냉동 인간을 만드는 더 나은 방법을 찾을 수 있지 않을까요? 아니면 자동차나 비행기 같은 기계에 쓰이는 친환경적인 부동액을 만들 수도요.

오리너구리
길 찾기

나는 탁한 물속에서 헤엄칠 때면 눈도, 콧구멍도, 귀도 모두 닫고 오롯이 예민한 내 부리에만 의지해서 먹이를 찾는답니다. 내 부리에 있는 특수한 감각 기관이 내비게이션 시스템을 개선하는 데 도움이 되지 않을까요?

우리는 모두가 발 딛고 살아가는 놀라운 지구의 일부랍니다. 우리가 하듯이 인간도 지구를 아낀다면,
우리 동물들이 더 많은 비밀을 알려 줄지도 몰라요!
딱 맞는 동물 발명가를 찾는 게 관건이겠죠?

75

찾아보기

ㄱ

가시 • 10, 11, 66, 67, 72
가오리 • 57
개 • 72, 73
개구리 • 8, 26, 27, 75
거미 • 32, 33
건축 • 16, 74
곤충 • 28, 46
글라이더 • 34
기차 • 8, 15, 44
기후 변화 • 16, 53
깃털 • 40, 41, 45, 64
꽃가루 • 17, 56

ㄴ

나무늘보 • 74
나미브 사막 • 36, 37
날개 • 12, 13, 28, 29, 34, 35, 39, 46, 47, 63
남극 • 40
내비게이션 • 75

ㄷ

다리 • 17
단열 • 43
대왕오징어 • 30, 31
댐 • 16
도마뱀붙이 • 20, 21
독수리 • 18, 19, 34
돌고래 • 60, 61, 62
드론 • 15, 47
딱따구리 • 48, 49
딱정벌레 • 36, 37
똥 • 17, 64

ㄹ

레이더 • 63
렌즈 • 18, 19, 47
로봇 • 19, 23, 27, 29, 51, 53, 56, 57, 63

ㅁ

마크 브루넬 • 59
메뚜기 • 20, 54, 55
모기 • 20, 46, 70, 71
모르포나비 • 12, 13
물고기 • 18, 22, 23, 38, 44, 53, 61
물속 • 8, 10, 14, 22, 38, 39, 44, 50, 61, 75
물총새 • 8, 44, 45
민달팽이 • 68, 69

ㅂ

바늘 • 70, 71
바퀴 • 17, 27
바퀴벌레 • 20, 57
박쥐 • 8, 62, 63
방수 • 24, 40, 41, 74
배좀벌레조개 • 58, 59
뱀 • 50, 51
벌 • 17, 24, 25, 56
벌집 • 17
벨크로 • 72, 73
부동액 • 75
부엉이 • 45
북극 • 42, 43
북극곰 • 42, 43
비늘 • 12, 14, 23, 50
비버 • 16
비행 • 18, 34, 46, 47, 56, 63
비행기 • 15, 17, 34, 35, 49, 63, 73, 75

ㅅ

사막 • 36, 37, 50
사막거저리 • 36, 37
사바나 • 17
상어 • 10, 14, 15
새 • 8, 12, 33, 34, 35, 41, 44, 45, 46, 48, 64
샤크스킨 • 15
선풍기 • 39
센서 • 55
소독 • 67
소라게 • 65
쇠똥구리 • 8, 64
수영복 • 15
신발 • 17, 21, 73

ㅇ

아마존 열대 우림 • 12
아프리카 • 36, 37
안개 • 36, 37, 63
안전유리 • 33
앨버트로스 • 34
에어컨 • 17
에트루리아땃쥐 • 56
연체동물 • 58, 59
오리너구리 • 75
우엉 씨앗 • 72, 73
우주 • 29, 49, 56, 73
위장 • 11

위조지폐 • 13
육각형 • 17, 27
음파 • 61, 62
음파 탐지 • 61, 62
의료 • 27, 67

ㅈ

자외선 • 33, 74
잠수함 • 15, 39, 53
잠자리 • 46, 47
재활용 • 25, 43, 64
접착제 • 27, 69
조지 메스트랄 • 72, 73
종이 • 24, 25, 29, 64
지렁이 • 65
집게벌레 • 28, 29

ㅊ

채륜 • 25
충격 흡수 • 49
친환경 • 33, 69, 74, 75

ㅋ

카메라 • 19, 47, 51, 63

ㅌ

태양 에너지 • 43
터널 • 17, 44, 45, 59

테이프 • 21, 27

ㅍ

포유류 • 56, 62, 63
풍력 발전기 • 15, 39
프로펠러 • 39
프리즘 • 13

ㅎ

하마 • 74
해마 • 22, 23
해파리 • 8, 52, 53
헬리콥터 • 39
헬멧 • 49
현수교 • 74
호저 • 66, 67
혹등고래 • 38, 39
황제펭귄 • 40, 41
흉내문어 • 10, 11
흰개미 • 8, 17